RÉFLEXIONS

SOUMISES A LA SAGESSE

DES MEMBRES DU CONGRÈS

DE VIENNE,

ET A TOUS CEUX POUR LE BONHEUR DESQUELS
ILS SONT RASSEMBLÉS.

PAR LE CHEVALIER CROFT,

BARONNET ANGLAIS.

Non sibi, sed toti genitos se credere mundo.

LUCAIN, lib. II.

A PARIS,

DE L'IMPRIMERIE DE P. DIDOT L'AINÉ,

IMPRIMEUR DU ROI, RUE DU PONT DE LODI.

M. DCCCXIV.

Se vend

Chez P. Didot L'aîné, imprimeur, rue du Pont de Lodi,
      nº 6;

    Delaunay, libraire, Palais Royal, galerie de bois;

    Et Colas fils, libraire, rue du Petit-Bourbon Saint-
      Sulpice, nº 12.

A SON ALTESSE ROYALE

LE PRINCE RÉGENT

D'ANGLETERRE.

MON PRINCE,

J'ai eu l'honneur de vous dédier, comme une faible marque de ma profonde reconnaissance, mes vers anglais adressés à MADAME, *Duchesse d'Angoulême : je desire encore que votre auguste nom paraisse à la tête de l'ouvrage que je publie maintenant. Il n'a pour but que l'espoir d'être utile ; et l'on ne soupçonnera jamais un baronnet anglais et un ministre du culte, d'avoir pu, sans cet espoir, écrire et encore moins dédier son livre au* PRINCE RÉGENT *d'Angleterre.*

Le sujet de mon ouvrage me rappelle heureusement ici les mots dont VOTRE ALTESSE

ROYALE *se servit dans une lettre adressée, il y a plus de onze ans, au Roi votre père; mots si justement applaudis par le public et qui feront réfléchir, sans doute, dans des circonstances si critiques, les Souverains rassemblés à Vienne.*

« Dans ces temps malheureux, Sire, disiez-« vous, on scrute avec des yeux sévères et jaloux « la conduite des Princes. Personne n'est, plus « que moi, attentif à ces dispositions. »

Que l'histoire et la postérité, qui scrutent si bien tous les Princes, *disent du fils aîné de* Georges III *tout ce qu'ambitionne* Votre Altesse Royale, *tout ce que je desire, non seulement pour* Votre Altesse Royale, *mais aussi pour tous mes compatriotes et mes semblables! c'est là le vœu le plus sincère et la prière la plus constante,*

MON PRINCE,

De votre très fidèle et très reconnaissant serviteur

Herbert Croft.

Paris, 30 septembre 1814.

RÉFLEXIONS

SOUMISES A LA SAGESSE

DES MEMBRES DU CONGRÈS

DE VIENNE,

Et à tous ceux pour le bonheur desquels ils sont rassemblés.

~~~~~~~~~~

Quand je considère attentivement la marche des choses humaines, il me semble qu'il en est des affaires politiques comme de nos maladies. Leur origine, leurs développemens, leurs crises sont les mêmes; et l'histoire en offre mille exemples à l'observateur le moins attentif.

Je ne prétends point sans doute être un grand médecin politique; mais j'avance vers le terme de ma carrière, et mon âge semble m'inviter à consacrer à mes semblables les restes d'une vie bien malheureuse, si je n'avais un vrai désir,
~~~~~~~~~~

et peut-être un léger espoir d'être utile aux habitans de cette terre d'exil et de calamité.

Quarante ans de ma triste vie se sont écoulés dans ce consolant exercice ; mes écrits anglais, français, ou latins, n'ont jamais eu d'autre but, et toujours ma faible voix a cherché, même au milieu du tumulte des armes, à inspirer des sentimens de paix à tous les peuples, sur-tout aux peuples limitrophes. Je me suis entièrement livré à ces idées dans mon dernier ouvrage, où j'essaie de consoler de ses longs malheurs l'illustre fille de Louis XVI. D'ailleurs, quelles idées pouvaient mieux convenir à un ministre de paix et à un vieillard qui entrevoit déja l'éternelle paix du tombeau.

Je vais faire un aveu qui pourra, je le sais, prêter aux railleries de mes compatriotes, ou des Français ; mais, si c'est une folie, je suis assez insensé pour desirer la paix perpétuelle de l'abbé de Saint-Pierre, paix, hélas ! si souvent tournée en ridicule. Je vais plus loin, je ne la regarde pas comme tout-à-fait impossible ; et j'aime à croire que les hommes seraient déja un peu meilleurs s'ils cessaient de rire à l'idée d'un pareil projet.

Je me souviens qu'en 1779, tandis que je charmais par la conversation du lord Mansfield les ennuis du barreau, ce profond politique ne me paraissait pas éloigné de l'opinion de l'abbé de Saint-Pierre. Aujourd'hui donc, quand toute l'Europe vient de se lever pour porter en triomphe Louis-le-Desiré au trône de ses ancêtres, il est bien permis de croire au rêve du vertueux citoyen français. Ah ! n'est-il pas bien doux de rêver comme Henri IV et son fidèle Sully, dont l'abbé de Saint-Pierre a, dit-on, emprunté ses idées ?

En parlant de cet écrivain, je n'ai point l'intention de cacher ce qu'ont dit de lui ses compatriotes. Voltaire s'exprime ainsi sur son compte. (Catalogue des écrivains du siècle de Louis XIV.)

« Saint-Pierre (Castel, abbé de), gentil-
« homme de Normandie, n'ayant qu'une for-
« tune médiocre, la partagea quelque temps
« avec les célèbres Varignon et Fontenelle. Il
« écrivit beaucoup sur la politique. La meil-
« leure définition qu'on ait faite en général de
« ses ouvrages est ce qu'en disait le cardinal
« Dubois (1), que c'étaient les rêves d'un bon ci-

« toyen. Il avait la simplicité de rebattre dans
« ses ouvrages les vérités les plus triviales de la
« morale; et, par une autre simplicité, il pro-
« posait presque toujours des choses impossibles
« comme praticables. Il ne cessa d'insister sur le
« projet d'une *paix perpétuelle*, et d'une es-
« pèce de parlement de l'Europe qu'il appelle
« la *diète européenne*. On avait imputé une
« partie de ce projet chimérique au roi Henri IV,
« et l'abbé de Saint-Pierre, pour appuyer ses
« idées, prétendait que cette *diète européenne*
« avait été approuvée et rédigée par le Dauphin,
« duc de Bourgogne, et qu'on en avait trouvé
« le plan dans les papiers de ce prince. Il se per-
« mettait cette fiction pour mieux faire goûter
« son projet. Il rapporte avec bonne foi la lettre
« par laquelle le cardinal de Fleury répondit à
« ses propositions : Vous avez oublié, monsieur,
« pour article préliminaire, de commencer par
« envoyer une troupe de missionnaires pour
« disposer le cœur et l'esprit des princes. »

Mais, si l'abbé de Saint-Pierre, en parlant du
duc de Bourgogne, n'en a pas honteusement
imposé, chose que ni ses écrits, ni son caractère ne nous permettent de croire, l'autorité de

l'immortel Fénélon, son précepteur, viendra se réunir à celle de Sully et de son grand roi ; et, malgré Voltaire, qui, je le sais bien, me répondrait par son *écrasez l'infâme* (2), je dirais au cardinal Dubois comme au cardinal de Fleury, aux catholiques comme aux protestans : « Vos « sarcasmes ne peuvent détruire des vérités : ne « croyez-vous pas, n'enseignez-vous pas même « que le fils unique de Dieu est descendu sur « la terre pour prêcher et sceller par son sang, « au milieu d'une affreuse agonie, une paix « bien plus générale que celle proposée par « l'abbé de Saint-Pierre ? En ce cas, vous vous « donnez faussement le titre de chrétiens, ou ce « bon citoyen n'a point rêvé. »

Sous ce point de vue, je le dis hautement à toute la chrétienté, ni catholiques, ni protestans, nous ne méritons le nom de chrétiens à aussi juste titre que les disciples du vertueux Penn, les paisibles quakers.

J'aime mieux rêver avec l'abbé de Saint-Pierre que veiller avec le cardinal Dubois.

Quant à la lettre du cardinal de Fleury, rapportée par le vertueux abbé, probablement parcequ'il en pensait comme moi, il me semble que

*

ses plaisanteries conviennent moins à un ministre qu'à un commis de bureau, et que les princes dont il parle n'étaient pas plus dignes de leurs trônes qu'il ne l'était lui-même de son cardinalat.

Oui, je le répète, si Jésus-Christ a quitté le sein de son père, c'est pour prêcher la paix perpétuelle plutôt aux ecclésiastiques qu'aux autres hommes; c'est encore pour y disposer le cœur et l'esprit des princes plutôt que le cœur et l'esprit des ecclésiastiques; et si, du temps du cardinal de Fleury, il fallait une troupe de missionnaires pour persuader la paix aux princes de l'Europe, c'est en vain que l'un d'entre eux portait, comme aujourd'hui, le titre de très-chrétien: aucun d'eux n'était chrétien véritablement.

Je le répète encore : puisque le fils de Dieu, ce divin missionnaire, n'a cherché qu'à disposer à la paix perpétuelle le cœur et l'esprit des princes, la troupe des missionnaires de l'abbé de Saint-Pierre est inutile, pourvu toutefois que nos cardinaux Dubois et de Fleury soient seulement assez chrétiens pour ne point entraver les opérations de leurs rois et le bonheur de leurs semblables.

Quant à ceux qui aiment les missionnaires, je les prierai d'observer les admirables résultats qu'a produits cette troupe envoyée par les méthodistes dans l'île d'Otaïti, si heureuse et si paisible jusqu'au moment de leur arrivée. Suivant le propre rapport de ces méthodistes, rapport dont ils ont l'air de tirer vanité, les guerres européennes ont bientôt succédé à cette paix céleste que ces missionnaires couraient prêcher aux antipodes; et ce ne sont point des guerres d'intérêt qu'ils ont suscitées parmi ces habitans, ce sont des guerres de religion; encore avaient-elles pour but, non pas de décider la manière d'être les meilleurs chrétiens, mais les plus austères méthodistes.

Au moment où j'écris, nous allons voir, sinon la paix perpétuelle de l'abbé de Saint-Pierre, du moins une image bien frappante de *sa diète européenne*. On n'y enverra pas de troupes de missionnaires. Presque tous les princes de l'Europe s'en serviront à eux-mêmes; et, d'après la conduite qu'ont tenue à Paris les monarques alliés, on peut juger si leur cœur et leur esprit ont déja cette disposition demandée par l'abbé de Saint-Pierre, disposition que

le cardinal de Fleury osait tourner en ridicule.
Cet article préliminaire, sur lequel le cardinal
continue de plaisanter, était signé le 31 mars à
Paris , six mois avant l'ouverture du *parlement de l'Europe.*

Certes, quand des personnages si augustes se
trouvent réunis pour régler les intérêts des quatre parties du monde, ils ne se refuseront point
à la courte lecture d'un ouvrage qui pourra
leur offrir peut-être quelques idées dignes de
leur attention dans un moment si critique.

Je rends graces au ciel qui n'appelle point
mes destinées obscures à une telle assemblée ;
car, comme chrétien, comme homme, je ne
puis m'empêcher de trembler en songeant à la
terrible responsabilité dont sont atteints, sans
exception, tous les membres de ce congrès
solennel. Non, jamais assemblée d'hommes plus
solennelle ne s'est réunie pour discuter de plus
grands intérêts. Jamais inquiétude aussi vive,
aussi juste, n'a saisi l'Europe muette ; jamais
attente aussi grande n'a troublé le cœur du
monde entier, que les décisions de ces hommes,
si puissans pour le bien comme pour le mal,
et destinés (puissent-ils s'en souvenir tous les

jours !) à passer désormais pour les amis les plus sincères de l'humanité, ou pour ses ennemis les plus cruels.

Le congrès de Vienne va décider du sort de tout ce qui est le plus cher à un Européen. Un Européen ! mais, que dis-je ? Y a-t-il un Turc en Asie, un allié ou un sujet de l'Angleterre aux Grandes-Indes, un habitant des États-Unis en Amérique, un nègre dont la liberté et l'esclavage sont maintenant en balance, qui n'ait les yeux fixés sur notre Europe, attendant avec impatience les premières nouvelles du congrès de Vienne, nouvelles, non pas des dîners diplomatiques qui s'y sont donnés, mais des résolutions utiles qui s'y sont prises ?

Malheur donc, malheur au membre d'un tel congrès, quand même il porterait une couronne, qui ne se croirait à Vienne que pour donner ou recevoir des fêtes ! Mais je présume trop bien, et l'Europe attend trop de ces grands hommes, pour croire qu'un seul parmi eux ait, un moment, une semblable idée. Non, ils n'autoriseront pas un autre Voltaire à dire, dans un autre *Essai sur les mœurs et l'esprit des nations :* «Telle « ou telle chose aurait été sans doute arrangée,

« pour le bonheur du monde, au fameux con-
« grès de Vienne, si malheureusement les grands
« amis de l'humanité qui y assistaient n'avaient
« pas été saisis, un matin, d'une cruelle indi-
« gestion. »

Ce ne peut être que d'une manière très sé-
rieuse, et même par des actes de religion, que
s'ouvriront des conférences qui doivent finir
par un traité de paix général, dont les premiers mots seront, sans doute, comme de cou-
tume, *au nom de la très sainte et indivisible
Trinité.* Aucun des membres du congrès n'i-
gnore les motifs pour lesquels ils se sont réunis
des quatre coins de l'Europe si long-temps malheureuse. Ce mot religieux d'*indivisible* ne de-
viendrait-il pas une ironie affreuse, si le congrès européen devait se terminer en semant des
divisions éternelles entre les puissances de la
terre, au lieu de les rapprocher pendant une
longue et heureuse suite d'années ?

Notre grand Dryden avait conçu l'idée d'un
poëme épique, dont les machines religieuses
devaient être les anges gardiens des royaumes
de la terre. C'est sous cet aspect divin, mais
dont la responsabilité est effrayante, que tout

homme sensé considère les membres du congrès de Vienne, et que les considéreront assurément l'histoire et la postérité. Parmi tant de choses si intéressantes dont s'occupera ce congrès, sur laquelle jettera-t-il d'abord les yeux ?

Il existait, il y a peu de mois, si toutefois cet individu est mort politiquement, il existait encore aux premiers jours d'avril, un homme qui fixait sur lui l'attention des quatre parties du monde, plus encore, si cela est possible, que la diète européenne. Peut-être ce soldat si dangereux (car ils seraient bien aveugles ceux qui lui refuseraient quelques funestes talens, malgré ses insignes folies), peut-être, dis-je, ce soldat déchu attirera-t-il, avant tout, les regards des augustes membres du congrès.

En conséquence, je mettrai sous leurs yeux un passage qu'ils aimeront à lire, qu'ils devront lire peut-être, quand leur prévoyance se tournera vers la petite île d'Elbe.

En examinant avec soin les livres classiques des Français, pour mon ouvrage sur leur belle langue, je suis tombé sur un chapitre du *Voyage du jeune Anacharsis*, livre que les ministres,

et sur-tout leurs maîtres, ne peuvent trop étu-
dier. Je vais transcrire ici ce chapitre, et je suis
convaincu qu'il n'y a pas un seul individu appelé à Vienne qui, pour plus d'une raison, ne
se plaise à le méditer. Et certes, le plus sage et
le meilleur des princes qui s'y trouvent réunis
ne lira pas sans fruit ce que l'éloquent auteur
nous raconte de Timoléon, ainsi que de Denys.

Voici comment Barthelemy fait continuer
à Anacharsis le récit de son voyage, au chapitre LXIII.

De retour à Athènes après onze ans d'absence, nous
crûmes, pour ainsi dire, y venir pour la première fois.
La mort nous avait privés de plusieurs de nos amis et
de nos connaissances ; des familles entières avaient
disparu ; d'autres s'étaient élevées en leur place : on
nous recevait comme étrangers dans des maisons que
nous fréquentions auparavant (3); c'était par-tout la
même scène et d'autres acteurs.

La tribune aux harangues retentissait sans cesse de
plaintes contre Philippe. Les uns en étaient alarmés,
les autres les écoutaient avec indifférence. Démosthène avait récemment accusé Eschine de s'être vendu
à ce prince, lorsqu'il fut envoyé en Macédoine pour
conclure la dernière paix ; et, comme Eschine avait

relevé la modestie des anciens orateurs, qui, en ha-
ranguant le peuple, ne se livraient point à des gestes
outrés : Non, non, s'écria Démosthène, ce n'est point
à la tribune, mais dans une ambassade, qu'il faut cacher ses mains sous son manteau. Ce trait réussit, et
cependant l'accusation n'eut pas de suite.

Nous fûmes pendant quelque temps accablés de
questions sur l'Égypte et sur la Perse ; je repris ensuite mes anciennes recherches. Un jour que je tra-
versais la place publique, je vis un grand nombre de
nouvellistes qui allaient, venaient, s'agitaient en tumulte, et ne savaient comment exprimer leur surprise.
Qu'est-il donc arrivé? dis-je en m'approchant. Denys
est à Corinthe, répondit-on. — Quel Denys? — Ce
roi de Syracuse si puissant et si redouté. Timoléon l'a
chassé du trône et l'a fait jeter sur une galère qui
vient de le mener à Corinthe. Il est arrivé sans escorte,
sans amis, sans parens ; il a tout perdu, excepté le
souvenir de ce qu'il était.

Cette nouvelle me fut bientôt confirmée par Euryale, que je trouvai chez Apollodore. C'était un Corinthien avec qui j'avais des liaisons, et qui en avait
eu autrefois avec Denys : il devait retourner quelques
mois après à Corinthe. Je résolus de l'accompagner,
et de contempler à loisir un des plus singuliers phéno-
mènes de la fortune.

En arrivant dans cette ville, nous trouvâmes, à la porte d'un cabaret, un gros homme, enveloppé d'un méchant habit, à qui le maître de la maison semblait accorder par pitié les restes de quelques bouteilles de vin. Il recevait et repoussait en riant les plaisanteries grossières de quelques femmes de mauvaise vie, et ses bons mots amusaient la populace assemblée autour de lui.

Euryale me proposa, je ne sais sous quel prétexte, de descendre de voiture, et de ne pas quitter cet homme. Nous le suivîmes en un endroit où l'on exerçait des femmes qui devaient, à la prochaine fête, chanter dans les chœurs : il leur faisait répéter leur rôle, dirigeait leurs voix, et disputait avec elles sur la manière de rendre certains passages.

Il fut ensuite chez un parfumeur, où s'offrirent d'abord à nos yeux le philosophe Diogène et le musicien Aristoxène, qui, depuis quelques jours, étaient arrivés à Corinthe. Le premier, s'approchant de l'inconnu, lui dit: « Tu ne méritais pas le sort que tu « éprouves. Tu compatis donc à mes maux ? répondit « cet infortuné : je t'en remercie. Moi, compatir à tes « maux ! reprend Diogène : tu te trompes, vil esclave ; « tu devais vivre et mourir comme ton père, dans « l'effroi des tyrans ; et je suis indigné de te voir dans « une ville où tu peux sans crainte goûter encore « quelques plaisirs. »

menaces de Philippe que par ces mots énergiques: *Denys à Corinthe.*

Nous eûmes plusieurs conversations avec ce dernier(5). Il faisait sans peine l'aveu de ses fautes, apparemment parcequ'elles ne lui avaient guère coûté. Euryale voulut savoir ce qu'il pensait des hommages qu'on lui rendait à Syracuse. J'entretenais, répondit-il, quantité de sophistes et de poëtes dans mon palais; je ne les estimais point, cependant ils me faisaient une réputation. Mes courtisans s'aperçurent que ma vue commençait à s'affaiblir, ils devinrent, pour ainsi dire, tous aveugles, ils ne discernaient plus rien; s'ils se rencontraient en ma présence, ils se heurtaient les uns contre les autres: dans nos soupers, j'étais obligé de diriger leurs mains, qui semblaient errer sur la table. Et n'étiez-vous pas offensé de cette bassesse? lui dit Euryale. Quelquefois, reprit Denys; mais il est si doux de pardonner!

Dans ce moment, un Corinthien, qui voulait être plaisant, et dont on soupçonnait la probité, parut sur le seuil de la porte; il s'arrêta, et, pour montrer qu'il n'avait pas de poignard sous sa robe, il affecta de la secouer à plusieurs reprises, comme font ceux qui abordent les tyrans. Cette épreuve serait mieux placée, lui dit le prince, quand vous sortirez d'ici.

Quelques momens après, un autre particulier entra

et l'excédait par ses importunités. Denys nous dit tout bas en soupirant : « Heureux ceux qui ont appris à « souffrir dès leur enfance! »

De pareils outrages se renouvelaient à tous momens (6); il cherchait lui-même à se les attirer; couvert de haillons, il passait sa vie dans les cabarets, dans les rues, avec des gens du peuple, devenus les compagnons de ses plaisirs. On discernait encore dans son ame ce fonds d'inclinations basses qu'il reçut de la nature, et ces sentimens élevés qu'il devait à son premier état; il parlait comme un sage, il agissait comme un fou; je ne pouvais expliquer le mystère de sa conduite. Un Syracusain qui l'avait étudié avec attention me dit : Outre que son esprit est trop faible et trop léger pour avoir plus de mesure dans l'adversité que dans la prospérité, il s'est aperçu que la vue d'un tyran, même détrôné, répand la défiance et l'effroi parmi des hommes libres. S'il préférait l'obscurité à l'avilissement, sa tranquillité serait suspecte aux Corinthiens, qui favorisent la révolte de la Sicile. Il craint qu'ils ne parviennent à le craindre, et se sauve de leur haine par leur mépris. Il l'avait obtenu tout entier pendant mon séjour à Corinthe, et dans la suite il mérita celui de toute la Grèce. Soit misère, soit dérangement d'esprit, il s'enrôla dans une troupe de prêtres de Cybèle;

il parcourait avec eux les villes et les bourgs, un tym-
panon à la main, chantant, dansant autour de la
figure de la déesse, et tendant la main pour recevoir quelques faibles aumônes.

Avant de donner ces scènes humiliantes, il avait
eu la permission de s'absenter de Corinthe et de
voyager dans la Grèce. Le roi de Macédoine le reçut avec distinction. Dans leur premier entretien,
Philippe lui demanda comment il avait pu perdre
cet empire que son père avait conservé pendant si
long-temps : « C'est, répondit-il, que j'héritai de sa
« puissance, et non de sa fortune. » Un Corinthien
lui ayant déja fait cette même question, il avait ré-
pondu : « Quand mon père monta sur le trône, les
« Syracusains étaient las de la démocratie ; quand
« on m'a forcé d'en descendre, ils l'étaient de la ty-
« rannie. » Un jour qu'à la table du roi de Macédoine on s'entretenait des poésies de Denys l'ancien :
« Mais quel temps choisissait votre père », lui dit
Philippe, « pour composer un si grand nombre d'ou-
« vrages ? » « Celui », répondit-il, « que vous et
« moi passons ici à boire. »

Ses vices le précipitèrent deux fois dans l'infor-
tune, et sa destinée lui opposa chaque fois un des
plus grands hommes que ce siècle ait produits : Dion
en premier lieu, et Timoléon ensuite. Je vais parler
de ce dernier (7), et je raconterai ce que j'en appris

dans les dernières années de mon séjour en Grèce.

On a vu plus haut (8) qu'après la mort de son frère, Timoléon s'était éloigné, pendant quelque temps, de Corinthe, et, pour toujours, des affaires publiques (9). Il avait passé près de vingt ans dans cet exil volontaire, lorsque ceux de Syracuse (10), ne pouvant plus résister à leurs tyrans, implorèrent l'assistance des Corinthiens, dont ils tirent leur origine. Ces derniers résolurent de lever des troupes ; mais, comme ils balançaient sur le choix du général, une voix nomma par hasard Timoléon, et fut suivie à l'instant d'une acclamation (11) universelle. L'accusation autrefois intentée contre lui n'avait été que suspendue ; les juges lui en remirent la décision : Timoléon, lui dirent-ils, suivant (12) la manière dont vous vous conduirez en Sicile, nous conclurons que vous avez fait mourir un frère ou un tyran.

Les Syracusains se croyaient alors sans ressources. Icétas, chef des Léontins, dont ils avaient demandé l'appui, ne songeait qu'à les asservir ; il venait de se liguer avec les Carthaginois.

Maître de Syracuse, il tenait Denys assiégé dans la citadelle. La flotte de Carthage croisait aux environs, pour intercepter celle de Corinthe. Dans l'intérieur de l'île, une fatale expérience avait appris aux villes grecques à se défier de tous ceux qui s'empressaient de les secourir.

(20)

Timoléon part avec dix galères et un petit nombre de soldats; malgré la flotte des Carthaginois, il aborde en Italie, et se rend bientôt après à Tauromenium en Sicile. Entre cette ville et celle de Syracuse est la ville d'Adranum , dont les habitans avaient appelé, les uns, Icétas, et les autres (13), Timoléon. Ils marchent tous deux en même temps, le premier à la tête de 5000 hommes, le second avec 1200. A trente stades d'Adranum (une lieue trois cent trente-cinq toises), Timoléon apprend que les troupes d'Icétas viennent d'arriver, et sont occupées à se loger autour de la ville; il précipite ses pas, et fond sur elles avec tant d'ordre et d'impétuosité, qu'elles abandonnent sans résistance le camp, le bagage et beaucoup de prisonniers.

Ce succès changea tout-à-coup les dispositions des esprits et la face des affaires : la révolution fut si prompte, que, cinquante jours après son arrivée en Sicile (14), Timoléon vit les peuples de cette île briguer son alliance, quelques uns des tyrans joindre leurs forces aux siennes, Denys lui-même se rendre à discrétion, et lui remettre la citadelle de Syracuse, avec les trésors et les troupes qu'il avait pris soin d'y rassembler.

Mon objet n'est pas de tracer ici les détails d'une si glorieuse expédition : je dirai seulement que si Timoléon, jeune encore, avait montré dans les combats la maturité d'un âge avancé, il montra, sur le déclin de sa vie, la chaleur et l'activité de la jeunesse; je dirai qu'il développa tous les talents, toutes les qualités d'un grand général; qu'à la tête d'un petit nombre de troupes il délivra la Sicile des tyrans qui l'opprimaient, et la défendit contre une puissance encore plus formidable, qui voulait l'assujettir; qu'avec 6000 hommes il mit en fuite une armée de 70,000 Carthaginois; et qu'enfin ses projets étaient médités avec tant de sagesse, qu'il parut maîtriser les hasards et disposer des événemens.

Mais la gloire de Timoléon ne consiste pas dans cette continuité rapide de succès qu'il attribuait lui-même à la fortune, et dont il faisait rejaillir l'éclat sur sa patrie; elle est établie sur une suite de conquêtes plus dignes de la reconnaissance des hommes.

Le fer avait moissonné une partie des habitans de la Sicile; d'autres, en grand nombre, s'étant dérobés par la fuite à l'oppression de leurs despotes, s'étaient dispersés dans la Grèce, dans les îles de la mer Égée, sur les côtes de l'Asie. Corinthe, remplie du même esprit que son général, les engagea, par ses députés, à retourner dans leur patrie; elle leur donna des vaisseaux, des chefs, une escorte, et, à leur arrivée en Sicile, des terres à partager. En même temps des hérauts déclarèrent aux jeux solennels de la Grèce qu'elle reconnaissait l'indépendance de Syracuse et de toute la Sicile.

A ces cris de liberté, qui retentirent aussi dans toute l'Italie, 60,000 hommes se rendirent à Syracuse, les uns pour y jouir des droits de citoyens, les autres pour être distribués dans l'intérieur de l'île.

La forme du gouvernement avait récemment essuyé de fréquentes révolutions, et les lois étaient sans vigueur. Elles avaient été rédigées, pendant la guerre du Péloponèse, par une assemblée d'hommes éclairés, à la tête desquels était ce Dioclès, dont la mémoire fut consacrée par un temple que l'ancien (15) Denys fit démolir. Ce législateur sévère avait défendu, sous peine de mort, de paraître avec des armes dans la place publique. Quelque temps après, les ennemis ayant fait une irruption aux environs de Syracuse, il sort de chez lui, l'épée à la main ; il apprend au même instant qu'il s'est élevé une émeute dans la place ; il y court : un particulier s'écrie : « Vous venez « d'abroger votre loi. » « Dites plutôt que je l'ai con- « firmée », répondit-il, en se plongeant l'épée dans le sein.

Ses lois établissaient la démocratie, mais, pour corriger les vices de ce gouvernement, elles poursuivaient avec vigueur toutes les espèces d'injustices ; et, pour ne rien laisser aux caprices des juges, elles attachaient, autant qu'il est possible, une décision à chaque contestation, une peine à chaque délit. Cependant, outre qu'elles sont écrites en ancien langage, leur extrême précision nuit à leur clarté. Timoléon les revit avec Céphalus et Denys, deux Corinthiens qu'il avait attirés auprès de lui. Celles qui concernent les particuliers furent conservées avec des interprétations qui en déterminent le sens; on réforma celles qui regardent la constitution, et l'on réprima la licence du peuple, sans nuire à sa liberté. Pour lui assurer à jamais la jouissance de cette liberté, Timoléon l'invita à détruire toutes ces citadelles qui servaient de repaires aux tyrans.

La puissante république de Carthage, forcée de demander la paix aux Syracusains; les oppresseurs de la Sicile successivement détruits, les villes rétablies dans leur splendeur, les campagnes couvertes de moissons, un commerce florissant, par-tout l'image de l'union et du bonheur, voilà les bienfaits que Timoléon répandit sur cette belle contrée; voici les fruits qu'il en recueillit lui-même.

Réduit volontairement à l'état de simple particulier, il vit sa réputation s'accroître de jour en jour. Ceux (16) de Syracuse le forcèrent d'accepter dans leur ville une maison distinguée, et, aux environs, une retraite agréable, où il coulait des jours tranquilles avec sa femme et ses enfants, qu'il avait fait venir de Corinthe. Il y recevait sans cesse les tributs d'estime et de reconnaissance que lui offraient les peuples qui le regardaient comme leur second fondateur. Tous les traités, tous les réglemens qui se faisaient en Sicile, on venait de près, de loin, les soumettre à ses lumières, et rien ne s'exécutait qu'avec son approbation.

Il perdit la vue dans un âge assez (17) avancé. Les Syracusains, plus touchés de son malheur qu'il ne le fut lui-même, redoublèrent d'attentions à son égard. Ils lui amenaient les étrangers qui venaient chez eux. Voilà, disaient-ils, notre bienfaiteur, notre père; il a préféré au triomphe brillant qui l'attendait à Corinthe, à la gloire qu'il aurait acquise dans la Grèce, le plaisir de vivre au milieu de ses enfans. Timoléon n'opposait aux louanges qu'on lui prodiguait que cette réponse modeste : « Les Dieux vou-« laient sauver la Sicile : je leur rends graces de m'a-« voir choisi pour l'instrument de leurs bontés. »

L'amour des Syracusains éclatait encore plus, lorsque, dans l'assemblée générale, on agitait quelque question importante. Des députés l'invitaient à s'y rendre; il montait sur un char : dès qu'il paraissait, tout le peuple le saluait à grands cris; Timoléon saluait le peuple à son tour; et, après que les transports de joie et d'amour avaient cessé, il s'informait du sujet de la délibération, et donnait son avis, qui entraînait tous les suffrages. A son retour, il traversait de nouveau la place, et les mêmes acclamations le suivaient jusqu'à ce qu'on l'eût perdu de vue.

La reconnaissance des Syracusains ne pouvait s'épuiser. Ils décidèrent que le jour de sa naissance serait regardé comme un jour de fête, et qu'ils demanderaient un général à Corinthe toutes les fois qu'ils auraient une guerre à soutenir contre quelque nation étrangère.

A sa mort, la douleur publique ne trouva de soulagement que dans les honneurs accordés à sa mémoire. On donna le temps aux habitans des villes voisines de se rendre à Syracuse pour assister au convoi. De jeunes gens, choisis par le sort, portèrent le corps sur leurs épaules : il était étendu sur un lit richement paré. Un nombre infini d'hommes et de femmes l'accompagnaient, couronnés de fleurs, vêtus de robes blanches, et faisant retentir les airs du nom et des louanges de Timoléon ; mais leurs gémissemens et leurs larmes attestaient encore mieux leur tendresse et leur douleur.

Quand le corps fut mis sur le bûcher, un héraut lut à haute voix le décret suivant : « Le peuple de « Syracuse, en reconnaissance de ce que Timoléon « a détruit les tyrans, vaincu les barbares, rétabli « plusieurs grandes villes, et donné des lois aux Si- « ciliens, a résolu de consacrer 200 mines (18,000 l.)

(26)

« à ses funérailles, et d'honorer tous les ans sa mé-
« moire par des combats de musique, des courses de
« chevaux, et des jeux gymniques. »

D'autres généraux se sont signalés par des conquêtes plus brillantes ; aucun n'a fait de si grandes
choses. Il entreprit la guerre pour travailler au bonheur de la Sicile ; et, quand il l'eut terminée, il ne lui
resta plus d'autre ambition que d'être aimé.

Il fit respecter et chérir l'autorité pendant qu'il en
était revêtu ; lorsqu'il s'en fut dépouillé, il la res-
pecta et la chérit plus que les autres citoyens. Un
jour, en pleine assemblée, deux orateurs osèrent
l'accuser d'avoir malversé dans les places qu'il avait
remplies. Il arrêta le peuple soulevé contre eux : « Je
« n'ai affronté, dit-il, tant de travaux et de dangers,
« que pour mettre le moindre des citoyens en état
« de défendre les lois, et de dire librement sa pen-
« sée. »

Il exerça sur les cœurs un empire absolu, parcequ'il fut doux, modeste, simple, désintéressé, et
sur-tout infiniment juste. Tant de vertus désarmaient
ceux qui étaient accablés de l'éclat de ses actions et
de la supériorité de ses lumières. Timoléon éprouva
qu'après avoir rendu de grands services à une nation
il suffit de la laisser faire pour en être adoré.

(*Fin du chap.* LXIII.)

Mais, me dira-t-on peut-être : « La lecture
« de cet extrait de Barthelemy détournera les
« membres du congrès de leurs importantes oc-
« cupations, et des grands intérêts qu'ils ont à
« discuter, à balancer et à décider. » Je ré-
pondrai :

Non est mora longa, licebit,
Injecto ter pulvere, curras.

Et quel malheur, quand ils déroberaient quelques minutes, non à leurs immenses travaux,
mais aux fêtes dont les journaux vont nous fatiguer ! Le temps donné à cette lecture serait-il
le plus mal employé, si elle pouvait leur inspirer quelques réflexions utiles à notre bonheur,
mais sur-tout nécessaires à leur gloire ? Et d'ailleurs, si Milton, si P. Corneille nourrissaient
leur esprit et échauffaient leur ame par la méditation journalière des anciens, si notre Gibbon
cherchait, même dans Homère ou dans Virgile,
qu'il étudiait, le matin, avant de composer sa
prose historique, le germe de ses plus belles pen-
sées et de ses raisonnemens les plus profonds,
quel membre du congrès m'accusera de lui dé-
rober la moindre partie de son temps, en lui
offrant cette lecture de l'éloquent Anacharsis?

On me dira du moins que mes lecteurs n'ont pas tant affaire avec Timoléon qu'avec Denys à Corinthe.

Mais aucun des Rois assemblés à Vienne, même *Roi le plus Roi qui soit onc couronné*, comme parle Marot à François Ier, ne lira ce que Barthelemy nous dit du libérateur de Syracuse, sans gagner quelque chose, soit en formant la résolution de choisir des Timoléon pour ses ministres ou ses généraux, soit plutôt en cherchant à lui ressembler lui-même, si toutefois cela n'est pas déja heureusement arrivé. Peut-être encore un membre de la diète, admirant ce beau passage d'Anacharsis, se dira-t-il, un matin, avant que d'aller rejoindre ses collègues : « Quelle serait la conduite d'un homme « tel que Timoléon à notre congrès? » Dans cette hypothèse, je n'aurais pas rendu un léger service au membre dont je parle, ni à mes semblables.

Peut-être rendrai-je aussi quelque service en présentant ici des questions que l'on agite en différens pays.

Je serais bien téméraire, sans doute, d'oser, dans de telles circonstances, offrir mes propres

idées. Mais n'est-il pas, ce me semble, du de-
voir des membres de cette diète d'entendre et
de peser toutes les questions, s'il est possible,
qui peuvent avoir le moindre rapport avec leurs
délibérations ?

QUESTIONS.

1° Depuis trop long-temps deux ou trois villes
chétives d'Afrique font une guerre continuelle
à toute l'Europe : elles interceptent le commerce
de la Méditerranée ; et quelques puissances ne
rougissent point de payer un honteux tribut à
des pirates qu'elles pourraient écraser sans ef-
forts. N'est-il point temps enfin de venger l'univers ? Le *petit* Renaud, inventeur des galiotes
à bombes, avait commencé, sous les auspices
de Louis XIV, cette grande entreprise ; et n'est-
il pas bien digne du congrès européen de la
terminer ?

Fas est et ab hoste doceri.

Buonaparte, à la paix d'Amiens, avait pro-
posé de mettre fin à cette bassesse.

Mais, hélas ! l'esclavage affreux auquel ces
barbares condamnent impitoyablement leurs

prisonniers ne pourrait-il pas être une puni-
tion du ciel qui venge les nègres d'Afrique,
dans la personne des Européens de la Méditerranée ?

2° Le congrès mettra-t-il entièrement fin à
la traite des nègres, à cet affreux trafic que les
blancs, tout en vantant leur civilisation, font
de leurs semblables, parceque ces malheureux
sont d'une couleur différente ? Est-il un homme
vraiment civilisé, un véritable chrétien, qui,
de bonne foi, essaie de justifier les cruautés
qu'on exerce à leur égard, la manière dont on
se les procure ordinairement, dont on les trans-
porte dans nos colonies, et les traitemens qu'ils
éprouvent chez quelques colons ? Je sais qu'une
question aussi importante mérite l'attention la
plus sévère. L'abolition de la traite des nègres
n'est-elle pas devenue tant soit peu, en Angleterre, une affaire de parti ? et n'est-il aucun
membre de l'une ou de l'autre chambre, aucun
Anglais qui soit l'ami des nègres, uniquement
parcequ'il se trouve intéressé à être l'ennemi du
ministre du jour ?

Ne faut-il pas appréhender, en outre, d'agir
trop précipitamment, comme peut-être l'a fait

l'Angleterre pour le même sujet? car l'exacte justice envers les nègres ne devient-elle pas injustice envers leurs maîtres? L'extrême humanité que prêchent nos méthodistes, parceque, comme secte, ils trouvent leur intérêt à la prêcher, ne doit-elle pas nécessairement affaiblir le commerce, et faire perdre à l'ancien continent une grande partie de ses ressources?

Cependant ne peut-on pas concilier les droits de l'humanité avec ceux de nos colonies, et satisfaire l'une sans anéantir les autres? Si les blancs s'accordaient à payer les nègres comme des domestiques, et à les traiter comme tels, tous ne préféreraient-ils point une semblable existence à celle qu'ils mènent dans leur état de liberté? Dès que les habitans de l'Afrique auraient appris cette nouvelle, ceux d'entre eux qui préfèrent la mort à l'esclavage ne s'offriraient-ils pas pour être les domestiques des chrétiens? L'affluence universelle de ces Africains ne rendrait-elle pas bientôt les prix à peu près les mêmes que dans les temps de l'esclavage? et l'activité avec laquelle les noirs, si robustes, si laborieux quand ils sont bien traités, rempliraient leur tâche volontaire, ne compenserait-elle pas aisément cette légère différence? D'ailleurs, en supposant qu'elle existât, faut-il compter pour rien l'avantage d'être débarrassé de remords, et de dormir en paix, libres de ces craintes continuelles auxquelles étaient en proie, même pendant leur sommeil, les anciens colons, que des précautions affreuses ne défendaient pas toujours de la terrible vengeance de leurs victimes. Malgré tous les trésors du monde, les nuits d'un tyran qui tremble pour sa vie ne sont pas à envier.

Mon projet, j'en conviens, exigerait que les capitaines et les matelots montrassent le caractère chrétien, et donnassent quelques preuves de notre civilisation. Si les Cook, les Bougainville commandaient cette nouvelle expédition, ils ne retourneraient pas, je le sais, avec six cents Africains entassés dans un misérable navire. Sur leurs vaisseaux les mieux réglés, ils n'accorderaient pas à des êtres vivans, enchaînés par paires pendant une longue traversée, seulement autant de place qu'un mort en occupe dans son cercueil. Croirait-on que ces capitaines feraient un voyage désavantageux, quoique en refusant de seconder les vues de

l'insatiable avarice? Retourneraient-ils sans
amener avec eux un grand nombre de domestiques volontaires? Ah! si l'Ecosse, l'Irlande,
et d'autres contrées ont vu des multitudes d'habitans partir pour les Etats-Unis d'Amérique,
serait-il impossible de persuader aux Africains
d'émigrer à nos colonies, sur-tout si le grand
argument des colons vertueux est véritable, que
leur sort est plus heureux chez nous que dans
leurs forêts? Le pieux Las Casas ne partirait-il
pas de suite comme missionnaire pour les persuader de ne pas refuser leur bonheur? Cette
entreprise ne serait-elle pas digne aussi d'autres
Mungo Park? Nos méthodistes, amis si zélés des
nègres, dédaigneraient-ils une telle mission,
sur-tout quand il serait beaucoup plus court de
faire ce voyage que d'aller à Otaïti pour y sus-
citer des guerres de religion, en y prêchant la
paisible religion de Jésus-Christ? — Les sages
membres du congrès aboliront-ils la traite des
nègres, quelques avantages qu'elle présente,
sans peser attentivement le pour et le contre
de la question?

3° Si les regards du congrès se tournent vers
les nègres et les colons, car il faut bien aussi

penser à ces derniers, français ou anglais, serait-ce trop compter sur l'humanité de ses membres que de leur rappeler les milliers d'Européens qui gémissent, comme les nègres, dans les prisons de l'Afrique, et qui, du fond de leurs cachots, demandent à grands cris que la politique européenne mette un terme à leurs malheurs? Ces infortunés ne souffrent que pour leur religion; et n'ont-ils pas le droit d'attendre leur liberté d'un congrès de chrétiens? Le congrès donc se séparera-t-il sans avoir établi la délivrance des chrétiens comme une condition indispensable de la paix que l'Europe accordera aux Barbaresques, doublement dignes de ce nom?

4° Enfin ce congrès ne pourrait-il point porter une loi qui empêchât tous les souverains, dans le cas où ils prendraient les armes, pour une cause même juste, de garder chez eux comme prisonniers de guerre tous les étrangers qui s'y trouvent, et qui se fiaient à un traité conclu au nom de la *très sainte Trinité*, à la bonne foi de leur propre pays, et à celle de toutes les parties contractantes? *Plectuntur Achivi!* Et que deviendra le genre humain, si

chaque nouvelle guerre voit de nouvelles atro-
cités; si chaque armée victorieuse fait sauter de
plus en plus les édifices publics de la capitale
ennemie, et si les peuples, par représailles,
augmentant les malheurs du monde, enchéris-
sent toujours les uns sur les autres ? Buonaparte
attribuait à l'Angleterre l'origine de cette mesure, et il appelait *otages* les Anglais qu'il avait
gardés chez lui pendant douze années. Dans
quelque pays qu'elle ait pris naissance, le congrès ne devrait-il pas la marquer d'infamie politique, et la proscrire à jamais? Chaque roi,
s'il est véritablement digne de l'être, ne doit-il
pas accorder à tout voyageur étranger, en cas
d'une déclaration de guerre, le temps de se re-
tirer dans sa patrie? La France invitera-t-elle les
peuples de l'Europe à venir de toutes parts ad-
mirer les trésors que les alliés se sont plu à laisser dans sa capitale (18), car

Rome n'est plus dans Rome, elle est toute où je suis;

et si une rupture soudaine éclatait, pourra-t-elle
les envoyer prisonniers à Verdun ou ailleurs,
sans même leur permettre de tirer de chez eux
les secours d'argent qui peuvent adoucir les ri-

gueurs d'une si injuste captivité, et sans lesquels ces infortunés restent nécessairement à la charge du royaume qui les enchaîne?

Je vais finir en adressant, selon le titre de cet opuscule, quelques mots à ceux qui attendent avec une si vive impatience les décisions du congrès de Vienne.

Mes amis, quelque grande que soit la sagesse des membres de ce congrès, gardons-nous de porter trop loin nos espérances. J'ai dit, et je le répète, qu'ils sont en quelque sorte les anges gardiens des royaumes de notre fourmilière (19); mais leur sagesse, n'étant jamais que la sagesse humaine, se trouve nécessairement bornée, comme celle des autres mortels. N'allons donc pas exiger une perfection absolue dans leurs opérations : tout ce qu'on peut attendre d'une réunion d'hommes sages, de grands hommes, dans un siècle tel que le nôtre, ils le feront; n'en doutez point; car c'est pour l'intérêt de leur propre gloire, et dans cette intention religieuse, que tous, j'en suis persuadé, se sont réunis à Vienne. Loin de vous l'idée qu'ils y sont seulement pour donner matière aux critiques dont une classe aussi présomptueuse qu'ignorante ne tardera peut-être pas à nous fatiguer.

Puisque la perfection n'est point donnée à l'homme, encore moins peut-être à notre siècle, attendons, dans une patience respectueuse, les résultats de leurs opérations, et préparons-nous à obéir, j'allais dire aveuglément, aux décisions de leur prudence. Belges, Norwégiens, Français, Anglais, il faut tous nous y soumettre; et qu'il soit regardé comme l'ennemi de sa patrie, de l'humanité même, celui dont le mécontentement osera murmurer. La perfection! Ah! n'est-ce pas en nous acharnant à la poursuite de ce fantôme que, pendant vingt-cinq années, nous avons éprouvé tant de malheurs réels?

Voyez l'aimable peuple dont j'ose emprunter la langue dans cet écrit. Rien ne pouvait contenter ses vastes desirs que la liberté, la liberté parfaite. Il en parlait comme d'une chose qu'on peut voir, qu'on peut toucher. Son imagination, exaltée de plus en plus, se l'était représentée sous l'emblême d'un arbre qu'il plantait, et auquel il donnait ce nom chéri. Il prétendait qu'en Angleterre cet arbre porte, tous les jours, les fleurs les plus agréables, et en même temps les fruits les plus doux. Eh bien! tant qu'ils ont cherché à conquérir cette parfaite liberté, l'Angleterre a été forcée de suspendre l'effet du fameux acte qui constitue la sienne : et, pendant tout ce temps, dans sa belle patrie, le Français a vu se flétrir, sous ses yeux, jusqu'aux plus petits arbres de cette liberté, et ne s'est plus disputé que l'infâme honneur de planter, de soigner, d'arroser de son sang le mancenillier du despotisme, dont toute l'Europe a, plus ou moins, cueilli les fruits empoisonnés.

Est-il un seul homme réellement libre, sans contrainte, et tout-à-fait exempt de chaînes? Ces chaînes ne pèsent-elles point d'une manière inégale, mais certaine, sur tous les individus? Les mortels ne sont-ils pas esclaves des événemens, des passions et des vices? Un cœur honnête ne l'est-il pas, toute sa vie, des devoirs qu'imposent la nature et la société aux pères, aux mères, aux époux et aux enfans? Et le plus puissant Roi qui soit à Vienne, s'il veut mériter le surnom donné à Henri IV, est-il autre chose que l'esclave volontaire de ses enfans politiques, du dernier même de ses sujets?

Si l'on refuse de se soumettre à l'empire des vertus, empire qui est si doux, et qui seul peut nous assurer quelque bonheur sur la terre, les vices, s'introduisant dans une ame dégradée, ne se disputent-ils point, même avant d'avoir acquis toute leur force, le droit de la tyranniser à leur gré, et d'exercer sur elle le plus cruel esclavage? Buonaparte était-il libre, quand, marchant sur les traces de Charles XII, il s'avançait à la tête de 5oo,ooo hommes pour faire sauter le Kremlin et brûler Moscow?

N'était-il pas le plus vil esclave de cette passion qui devient la plus vile de toutes quand elle cesse d'être le plus noble des aiguillons qui conduisent l'homme à la véritable gloire de l'ambition?

Assurément donc, l'homme assez sensé pour ne parler jamais de la liberté, mais seulement du plus ou du moins d'esclavage, est le seul digne de trouver le moins rarement ce que les hommes appellent bonheur.

Bonheur! mot charmant, mais bien perfide, qui trompe tous les peuples, tous les individus, et qui, par ses prestiges, les mène si souvent au malheur. Toutes les langues nous offrent le mot; mais, hélas! où est la chose? Dans quel pays, dans quelle condition, se niche cet inconnu ? A quel âge peut-on le trouver? Quel chemin conduit à sa demeure?

Je sais qu'il est des hommes assez sages pour ne point chercher la parfaite liberté au milieu des chaînes de la vie; mais y en a-t-il un seul parmi nous qui, depuis l'instant où il peut raisonner jusqu'aux derniers momens de son triste pélerinage, ne coure au hasard après le parfait bonheur? Un bonheur tant soit peu moins que le bonheur parfait ne contente pas nos avides desirs. Nous brûlons de posséder cette chimère. Hommes, femmes, jeunes gens, vieillards, riches, pauvres, pendant les jours, pendant les nuits, nous ne rêvons jamais autre chose. Mais, hélas! que nous veillions ou que nous soyons le plus profondément endormis, cet objet de notre amour n'est jamais qu'un rêve, que le rêve d'une ombre, avec cette fatale différence cependant, que le sommeil nous est souvent moins funeste, puisqu'en poursuivant notre fantôme, les yeux ouverts, nous tombons tant de fois dans le malheur pour le reste de notre vie.

Aveugles mortels! ce bonheur chimérique, que vous cherchez ici-bas, habite un autre séjour. Tout nous crie que l'ordre éternel de

la nature le refuse à nos prières. Ne peut-on
pas dire à des mortels, destinés un jour, comme
nous, à l'immortalité : « Cet être que vous croyez
« toujours présent à vos yeux, qu'à chaque ins-
« tant vos mains croient saisir, et qui vous échap-
« pe sans cesse pour vous tromper encore, le
« bonheur ne vous évite que pour vous attirer
« vers sa demeure véritable. Il fuit de vos mains,
« pour se réfugier dans un meilleur monde.
« C'est là que vous le trouverez, si vous êtes
« dignes de lui. »

Quoi qu'il en soit, si nous voulons jouir de
quelques momens heureux, sur notre planète,
ne parlons jamais de bonheur, mais toujours
du plus ou du moins de malheur. Pour le plus
de malheur, tournons nos regards vers la petite
île d'Elbe. Pour le moins de malheur, contem-
plons le congrès de Vienne.

Oui, les mortels les plus heureux de nos jours,
seront peut-être les membres de ce congrès,
qui, de retour dans leur patrie, pourront dire,
en mettant la main sur leur cœur : « J'ai fait
« tout ce que j'ai pu, pendant mon séjour à
« Vienne, pour procurer et consolider le bon-
« heur de mes semblables, et ce bonheur, qui

« est en partie mon ouvrage, durera autant
« qu'il est possible dans ce monde et dans le
« siècle où nous vivons. »

Y aurait-il, pour tous ces augustes personnages, une plus douce jouissance, un plus parfait bonheur, que ce langage de leur conscience? Car ce n'est pas pour un autre motif que les hommes vertueux envient la condition des ministres ou des souverains.

Le parfait bonheur et la parfaite liberté n'étant donc que des chimères en ce monde, préparons-nous *tous* à nous contenter du degré de bonheur que le congrès va nous procurer.

———

Après avoir soumis un chapitre de Barthelemy à la méditation des membres de cette diète, j'offrirai aux peuples qui en sont l'objet le morceau suivant d'un autre chapitre du même auteur. Je desire ardemment que, pour leur bonheur, ils se pénètrent bien des réflexions que le sage Barthelemy a mises dans la bouche de son Philoclès.

O humanité, penchant généreux et sublime, qui vous annoncez dans notre enfance par les transports d'une tendresse naïve; dans la jeunesse, par la témérité d'une confiance aveugle ; dans le courant de notre vie, par la facilité avec laquelle nous contractons de nouvelles liaisons ! O cris de la nature, qui retentissez d'un bout de l'univers à l'autre, qui nous remplissez de remords quand nous opprimons nos semblables, d'une volupté pure quand nous voulons les soulager! O amour, ô amitié, ô bienfaisance, sources intarissables de biens et de douceurs! les hommes ne sont malheureux que parcequ'ils refusent d'entendre votre voix. O Dieux, auteurs de si grands bienfaits, l'instinct pouvait, sans doute, en rapprochant des êtres accablés de besoins et de maux, prêter un soutien passager à leur faiblesse; mais il n'y a qu'une bonté infinie comme la vôtre qui ait pu former le projet de nous rassembler par l'attrait du sentiment, et répandre sur ces grandes associations qui couvrent la terre une chaleur capable d'en éterniser la durée.

Cependant, au lieu de nourrir ce feu sacré, nous permettons que de frivoles dissensions, de vils intérêts, travaillent sans cesse à l'éteindre. Si l'on nous disait que deux inconnus, jetés par hasard dans une île déserte, sont parvenus à trouver dans leur union des charmes qui les dédommagent du reste de l'univers; si l'on nous disait qu'il existe une famille uniquement occupée à fortifier les liens du sang par les liens de l'amitié; si l'on nous disait qu'il existe dans un coin de la terre un peuple qui ne connaît d'autre loi que de s'aimer, ni d'autre crime que de ne s'aimer pas assez; qui de nous oserait plaindre le sort de ces deux inconnus? qui ne desirerait pas appartenir à cette famille? qui ne volerait pas à cet heureux climat? O mortels ignorans, indignes de votre destinée! il n'est pas nécessaire de traverser les mers pour découvrir le bonheur : il peut exister dans tous les états, dans tous les temps, dans tous les lieux, dans vous, autour de vous, par-tout où l'on aime.

Cette loi de la nature, trop négligée par nos philosophes, fut entrevue par le législateur d'une nation puissante. Xénophon, me parlant un jour de l'institution des jeunes Perses, me disait qu'on avait établi dans les écoles publiques un tribunal où ils venaient mutuellement s'accuser de leurs fautes, et qu'on y punissait l'ingratitude avec une extrême sévérité. Il ajoutait que, sous le nom d'ingrats, les Perses comprenaient tous ceux qui se rendaient coupables envers les Dieux, les parens, la patrie et les amis.

Elle est admirable cette loi, qui non seulement ordonne la pratique de tous les devoirs, mais qui les rend encore aimables, en remontant à leur origine. En effet, si l'on n'y peut manquer sans ingratitude, il s'ensuit qu'il faut les remplir par un motif de reconnaissance; et de là résulte ce principe lumineux et fécond, qu'il ne faut agir que par sentiment.

N'annoncez point une pareille doctrine à ces ames qui, entraînées par des passions violentes, ne reconnaissent aucun frein ; ni à ces ames froides qui, concentrées en elles-mêmes, n'éprouvent que les chagrins qui leur sont personnels. Il faut plaindre les premières ; elles sont plus faites pour le malheur des autres que pour leur bonheur particulier. On serait tenté d'envier le sort des secondes : car, si nous pouvions ajouter à la fortune et à la santé une profonde indifférence pour nos semblables, déguisée néanmoins sous les apparences de l'intérêt, nous obtiendrions un bonheur uniquement fondé sur les plaisirs modérés des sens, et qui peut-être serait moins sujet à des vicissitudes cruelles. Mais dépend-il de nous d'être indifférens ? Si nous avions été destinés à vivre abandonnés à nous-mêmes sur le mont Caucase, ou dans les déserts de l'Afrique, peut-être que la nature nous aurait refusé un cœur sensible : mais, si elle nous l'avait donné, plutôt que de ne rien aimer, ce cœur aurait apprivoisé les tigres et animé les pierres.

Il faut donc nous soumettre à notre destinée ; et, puisque notre cœur est obligé de se répandre (20), loin de songer à le renfermer en lui-même, augmentons, s'il est possible, la chaleur et l'activité de ses mouvemens, en leur donnant une direction qui en prévienne les écarts.

Je ne propose point mon exemple comme une rè-
gle; mais enfin vous voulez connaître le système de
ma vie. C'est en étudiant la loi des Perses, c'est en
resserrant de plus en plus les liens qui nous unis-
sent avec les Dieux, avec nos parens, avec la patrie,
avec nos amis, que j'ai trouvé le secret de remplir à
la fois les devoirs de mon état et les besoins de mon
ame; c'est encore là que j'ai appris que, plus on vit
pour les autres, et plus on vit pour soi (21). (*Jeune
Anacharsis*, ch. **LXXVIII**.)

FIN.

NOTES.

———

ON ne me soupçonnera pas d'offrir ces notes, quelque courtes qu'elles soient, à la considération des membres du congrès; mais d'autres lecteurs pourront y jeter les yeux.

(1) Page 3.

Comme je parle, dans un autre endroit de ce petit écrit, d'un ouvrage que je prépare depuis plusieurs années, à la connaissance de différens savans français, sur leur belle langue, j'en donnerai une idée dans ces notes.

Il faut avouer que Voltaire ne s'est pas servi de sa meilleure plume pour tourner en ridicule le bon abbé. Que signifient « *qu'on* a faite — est ce *qu'en* disait — *que* c'é- « tait? » C'est ce *qui* fait *que* je prétends *que* tous les *que qu'*il lui a plu de nous débiter, rappellent bien son vers si justement célèbre :

« Non, il n'est rien que Nanine n'honore. »

Ce petit mot *que* est un des plus grands ennemis des écrivains français. Personne ne s'en est aperçu avec plus de sensibilité que M. de La Harpe dans son *Cours de Littérature;* mais, hélas! qu'il y a loin du précepte à la pratique!

Voici deux passages que contient le même tome de son *Cours de Littérature.*

« *Et ce qu'il* importe d'observer, *et ce qui* achèvera de

« développer *ce que* j'avais à dire sur les figures, *c'est* la
« manière dont il *s'en sert.* » (Ed. de Paris, in-8°. An VII,
tom. IV, p. 172.)

« On connaît depuis long-temps *ce qu'il* y a de défec-
« tueux dans le Cid; mais *ce qui est* très remarquable et
« ce *qu'il* importe de démontrer, *c'est que*, dans la nou-
« veauté de l'ouvrage, *ce qui lui* fut reproché comme le
« plus répréhensible, est véritablement *ce qu'il y a* de
« plus beau. Cet exemple prouve *ce que* j'ai établi an
« commencement de ce Cours, *que* le génie précède né-
« cessairement le goût, et *qu'il* devine par instinct avant
« *que* nous sachions juger par principes.» (*Id. ib.* p. 223.)

Mais ce qui paraîtra encore plus extraordinaire, c'est
la manière dont il termine son introduction du premier
tome, l'endroit le plus marquant, peut-être, de tout l'ouvrage pour le lecteur, comme pour l'auditeur.

« On ne peut trop se garantir de cette erreur com-
« mune de confondre l'abus avec la chose; *et ce qui*
« prouve *que c'est* seulement l'abus *qu'il* faut accuser,
« *c'est que* l'examen fera voir *que ce* ne sont point les
« véritables philosophes *qui* ont corrompu le goût comme
« tout le reste, mais des hommes *qui* usurpaient ce titre
« et le déshonoraient; *c'est ce qui* sera développé dans
« la partie de cet ouvrage où je traiterai de la philosophie
« du dix-huitième siècle. » (Tom. 1. p. 45.)

Je connais l'estime que les Français ont pour La Harpe;
leur opinion me semble juste, et je la partage avec quelques restrictions; mais aurait-on jamais cru qu'un écrivain, dont le goût est si délicat et le jugement si sévère
quand il parle des autres, ait pu composer de telles

phrases, en ait fait lecture dans la chaire d'un lycée, et les ait livrées ensuite à l'impression? Si La Harpe existait encore, et s'indignait de mes observations, je me contenterais, pour toute réponse, de lui citer ces deux passages de son *Cours de Littérature :*

« La meilleure critique ne détruit pas le mérite d'un
« ouvrage, en montrant ses défauts : il n'y a de criti-
« que vraiment redoutable que celle qui montre l'ab-
« sence des beautés. » (Tom. 1er, p. 231.)

« Qu'on ne craigne point, par un intérêt mal entendu
« pour sa gloire, de voir relever des défauts qui ne la
« ternissent point. Elle est protégée par le sentiment lé-
« gitime de l'orgueil national. » (Tom. IV, p. 253.)

P. Corneille a mis assez de ces *que* dans la bouche de Polyeucte :

« Je *sais que c'est* beaucoup *que* ce *que* je demande. »

Ce vers, doublement singulier, a échappé à Voltaire et à La Harpe ; mais du moins Corneille est excusable, en ce qu'il ne s'était pas plaint solennellement de ces *que*. Si Molière a eu raison de parler du lutin qui soufflait les vers de ce grand poëte, et se mettait ensuite derrière sa chaise, en disant : «Voyons comment il va s'en tirer », nos auteurs ne doivent-ils pas se mettre en garde contre des lutins encore plus malins, qui s'amusent si souvent à nous faire tomber dans des répétitions?

(2) Page 5, « Écrasez l'infame. »

Voltaire emploie souvent, et comme un furieux, jus-

(50)

qu'à trois fois cette expression, dans sa correspondance familière, pour sa signature.

Sa correspondance offre encore une autre particularité, qui a échappé jusqu'ici à tous ses biographes.

Cet homme étonnant, l'un des pères de la révolution française, écrivit, dans une phrase d'une familiarité étudiée et d'une insultante bassesse, « qu'après de longues « années sa haine sacrilége serait assouvie »; et la mort, attentive à ses paroles, est revenue à l'époque qu'il indiquait, *après de longues années*, et avec l'exactitude d'un créancier, pour lui rappeler le moment solennel qu'il avait volontairement désigné, et pour le conduire devant l'être qu'il avait, pour ainsi dire, cité comme témoin.

Il y a quelque chose de plus. Voltaire écrit à d'Alembert, le 25 février 1758 (Éd. 1784, tom. LXVII, p. 79; éd. de Beaumarchais, 1785, tom. LXXXIX, p. 103; éd. 1789, tom. XCVII, p. 85) : « Dans vingt ans, Dieu aura « beau jeu. » Et celui qui trouvait une main pour tracer ces mots est mort vingt ans après, le 30 mai 1778.

Mais ce n'est pas tout. Le prophète, avant de mourir, signait un acte qui commence ainsi : « Je soussigné déclare qu'étant attaqué *depuis quatre jours* d'un vomissement de sang, à l'âge de quatre-vingt-quatre ans, et « n'ayant pu me traîner à l'église », etc. Le procès-verbal de cet acte existe, et il est daté du 2 mars 1778. Personne n'a encore songé à rapprocher ces terribles dates, telles que toute l'histoire n'en offre point de plus remarquables. Faut-il s'écrier avec Juste-Lipse, dans une autre occasion : *Si à casu, miremur; si à Deo, vereamur?* ou faut-il dire quelque chose de plus?

Que l'on observe combien il y a au-delà du terme fatal de vingt ans, entre le 25 février 1758, de ce mois de février, qui n'a communément que vingt-huit jours, et le 2 mars 1778, en retranchant les quatre jours dont parle le moribond lui-même?

I nunc et versus tecum meditare canoros.

A présent, audacieux prosélytes de Voltaire, cherchez à imiter ses écrits harmonieux et à pratiquer ses diaboliques maximes. Travaillez à acquérir, au prix de la vengeance céleste, toute la gloire qu'ont procurée à votre maître les ouvrages qui ne couvrent pas son nom d'infamie! En dépit de vous, Dieu aura toujours beau jeu; et cela en bon français, et non pas dans le français lâche et insolent de Voltaire.

(3) Page 12 :

Malgré le mérite du style de Barthelemy, les lecteurs de goût aimeront à considérer ce que je vais prendre la liberté de dire. Après les deux passages de La Harpe qui terminent ma première note, je n'ai rien à ajouter pour défendre cette liberté.

« C'*était* par-tout la même scène et *d'autres acteurs.* »

Je cite l'édition de Paris, 1790; mais je ne rapporte pas les nombreuses autorités dont Barthelemy appuie presque chaque article, et qui donnent une si haute idée de sa patience, comme de sa bonne foi historique.

Ne faut-il pas ici *c'étaient,* sur-tout quand l'un des deux substantifs est au pluriel?

(4) Page 15.

« *La plupart se repaissaient* avec délices d'un spec-
« tacle que les circonstances rendaient plus intéressant. »

Je sais que, si plusieurs écrivains du siècle de Louis XIV ont mis le verbe au singulier avec la *plupart*, la mode penche aujourd'hui pour le pluriel; mais comme plusieurs des meilleurs auteurs se servent encore du singulier, je crois qu'il serait temps de décider enfin lequel des deux on doit employer.

(5) Page 16.

« Les Lacédémoniens ne répondirent aux menaces de
« Philippe que par ces mots expressifs : Denys à Co-
« rinthe. Nous eûmes quelques conversations avec ce
« *dernier.* »

Le *dernier* ici ne s'applique-t-il pas à Philippe, puisque Denys, que l'auteur veut désigner, n'est cité que dans la réponse des Lacédémoniens?

(6) Page 17.

« De pareils outrages se renouvelaient *à tous mo-
« mens.* »

L'auteur emploie ici par négligence cette expression, trop voisine de celles qu'on vient de lire : *quelques momens après* et *dans ce moment.*

(7) Page 18.

« Je vais parler de ce *dernier,* et je raconterai ce que

« j'en appris dans les *dernières* années de mon séjour en
« Grèce. »

Sans remarquer cette vicieuse répétition *dernier* et
dernières, j'observerai, d'après mon ami Johnson, que
ces mots *premier* et *dernier*, en forçant le lecteur ou
l'auditeur de recourir à la phrase précédente, quelquefois très longue et très compliquée, sont presque toujours impertinens, souvent même louches. Parmi les
passages que j'ai transcrits des meilleurs auteurs français, pour mon ouvrage sur leur langue, j'en possède
un, où l'auteur, parlant des modernes et des anciens,
laisse tomber *derniers* sur *anciens*.

Une langue, amie de la clarté, devrait-elle craindre
les répétitions, pour parvenir à son but primitif?

(8) Page 19. «On a vu *plus haut*. »

C'est ainsi que Barthelemy s'exprime en nous ren-
voyant du chapitre LXIII du tome V au chapitre IX du
tome II. Se servirait-il d'une autre expression s'il nous
renvoyait quelques lignes *plus haut* dans la même page?

J'ose demander si ce n'est point mal à propos que,
pour signifier *une autre partie de l'ouvrage,* les savans de
toutes les langues modernes ont emprunté ces mots *plus
haut* et *plus bas* des anciens qui écrivaient toujours sur
le même rouleau?

(9) Page 19.

« Après la mort de son frère, Timoléon s'était *éloigné*
« pendant quelque temps *de Corinthe* et *des affaires*
« *publiques.* »

Est-il permis d'employer pour la même phrase un mot
dans le sens propre et dans le sens figuré?

(10) Page 19. « Lorsque *ceux* de Syracuse implorèrent » :

Ceux de Syracuse, au lieu des *Syracusains*, me semble d'un siècle bien antérieur à Barthelemy : est-ce que par hasard il aurait eu sous les yeux le Plutarque d'Amyot, en écrivant son ouvrage ?

(11) Page 19.

« Comme ils balançaient sur le choix d'un général,
« *une voix* nomma *par hasard* Timoléon, et fut *suivie*
« à l'instant *d'une acclamation* universelle. »

Quand même une voix aurait *dignement* nommé Timoléon *par hasard*, et non pàs *par choix*, peut-on dire qu'une *voix est suivie d'une acclamation ?* n'est-ce pas *ce que dit la voix* qu'on applaudit, et non pas *elle-même ?*

(12) Page 19.

« Timoléon, lui dirent-ils, *suivant* la manière dont
« vous vous conduirez en Sicile, nous conclurons que vous
« avez fait mourir un frère ou un tyran. »

C'est aux Français à décider si, au lieu de *suivant*, il ne faut pas mettre *d'après*.

(13) Page 20.

« Les habitans avaient appelé, les uns, Icétas, *et* les
« autres Timoléon ».

Il est plus important qu'on ne pense de considérer si, dans une multitude de phrases de cette nature, *et* n'est pas au moins inutile : ne doit-on pas éviter de prodiguer sans raison des mots qui reviennent si souvent ? Voyez la

(55)

note sur « plus *et* plus », qui termine mon ouvrage ; voyez aussi page 12, où Barthelemy n'a pas prodigué cette conjonction quand il écrit : « Les uns étaient alarmés, les « autres écoutaient avec indifférence ». Voyez aussi p. 22.

(14) Page 20.

« La révolution fut si prompte que, cinquante jours « après *son* arrivée en Sicile, Timoléon vit les peuples « de cette île briguer *son* alliance. »

D'après ce que Quintilien dit du louche, on a le droit de remarquer que *son* parait tomber sur *révolution*, comme l'autre son tombe sur Timoléon.

(15) Page 22.

« Un temple que *l'ancien Denys* fit démolir. »

Barthelémy a eu l'intention d'écrire *Denys l'ancien*, comme nous l'avons lu, je ne dirai pas *plus haut*, mais dans une page précédente de cet extrait.

(16) Page 23.

« *Ceux de Syracuse* le forcèrent. »
Voyez la note dixième.

(17) Page 24.

« Il (Timoléon) perdit la vue, dans un âge *assez* avancé. »
Je prie les Français de considérer s'ils n'emploient pas souvent ce mot *assez* avec trop de légèreté, et quelquefois même d'une manière qui produit une contradiction. Il y a loin du sens véritable d'*assez* au sens détourné de *passablement*. Celui qui gouverne aujourd'hui l'île d'Elbe

a dit dans son bulletin français, en parlant de Duroc, que ce général « était *assez éloigné* du feu » qui le tua. — On sent *assez* le ridicule d'une telle phrase.

(18) Page 35. « Que les alliés se sont plu à laisser. »

Le jour que je finis cet ouvrage j'ai la douleur de lire, dans un des journaux de Paris, que « les Anglais se sont « emparés de Washington le 24 août, et l'ont évacué le « 26, après avoir fait *sauter le capitole, la maison du* « *président, et autres édifices publics,* brûlé une frégate, « nouvellement lancée, et une corvette », etc.

Sera-t-il permis à un ami de sa patrie d'espérer très sincèrement qu'une telle nouvelle soit bientôt démentie, pour ce qui ne regarde pas les édifices *militaires?*

Je sais qu'on s'efforcera de justifier, par les cruautés que les Américains ont commises dans les villages du Canada, ce que cette expédition peut avoir de blâmable dans ses représailles. Mais les villages, les capitales de la Prusse, de l'Allemagne et de la Russie avoient-ils à se louer du despote français et de ses ordres du jour? Et cependant a-t-on fait sauter les Tuileries et les Invalides?

Représailles ! Il n'y a point dans aucune langue un mot plus affreux, j'allais dire moins fait pour des hommes. Quoi! l'on traite d'impossible ma paix perpétuelle de l'abbé de Saint-Pierre, et l'on me parle de représailles, c'est-à-dire d'une augmentation de malheurs et de barbaries, qui dureront jusqu'à ce que l'humanité n'en puisse plus inventer!

(19) **Page 36,** « fourmilière. »

Que nous soyons membres de la diète, ou seulement intéressés à ses décisions, si nous aimons véritablement nos semblables, nous ne pouvons leur répéter trop souvent que nous ne sommes en effet, après tout, que des atomes humains, rampant sur un atome de planète. La plus frappante et la plus sublime application du mot *fourmilière* à notre monde est peut-être dans une courte phrase du chapitre d'Anacharsis, par un morceau duquel j'ai fini mon ouvrage :

« Les pyramides d'Egypte m'étonnèrent au premier as-
« pect ; bientôt je comparai l'orgueil des princes qui les
« ont élevées à celui d'une fourmi qui amoncellerait dans
« un sentier quelques grains de sable pour laisser à la
« postérité des traces de son passage. »

(20) **Page 45,** « obligé de se répandre *loin de.* »

Ma suppression de la virgule après *répandre* a totalement changé le sens de la phrase ; et cependant une virgule fait une bien légère pause, soit pour l'œil, soit pour l'oreille. Les Français verront que la même chose arrive toutes les fois qu'ils emploient l'adverbe *loin* (*nedùm*) à côté d'un mot auquel il aurait pu se joindre dans le sens de *longè.* Les Anglais font la même faute avec leur mot *far.* J'écris en tremblant, quoique je prépare une édition du Télémaque, que Fénélon lui-même a laissé une phrase de cette espèce au commencement de son ouvrage classique, quand il dit : « Ces beaux *lieux, loin* de....». La suppression de la virgule produit ici le même effet que dans la phrase de Barthelemy.

(21) Page 46. « Plus on vit pour les autres, *et* plus on vit pour soi. »

Je trouve que, dans le siècle de Louis XIV, les phrases de cette nature offrent bien moins souvent *et*, que de nos jours : j'en appelle hardiment au goût français, si l'on ne doit pas l'en bannir entièrement, pour plus d'une raison. Placée comme elle se trouve dans le passage de Barthelemy, cette conjonction n'est jamais ni élégante ni nécessaire : son emploi est souvent désagréable, quelquefois même louche. Une autre raison se présente encore, c'est que dans une foule de ces phrases elle est indispensable, et de plus d'une manière. Qu'il me soit donc permis d'en offrir un exemple dans ce qui suit ; « Plus je pense au congrès de Vienne, plus mon ame « est rassurée *et* plus je prévois avec certitude le bon-« heur de l'univers. »

J'étais, il y a quelques années, en correspondance sur cette question, entre autres, avec un des plus célèbres professeurs de Paris, avant qu'on eût accordé à mes instances la faculté de me rendre dans cette capitale pour y poursuivre mes travaux littéraires. Dans plus d'une lettre, mon ami soutint que sa langue exigeait cet emploi de la conjonction ; mais il se rendit, quand je lui eus fait connaître que Massillon, dans cette phrase, si évidemment sa phrase favorite, et à laquelle il n'a recours que trop souvent peut-être dans son *Petit Carême,* ne s'en sert que deux fois avec *et,* je crois même par méprise.

Je ne sais quels étaient les principes de grammaire que, suivant Barthelémy (voyez ci-dessus, p. 15), Denys expliquait aux enfans dans les carrefours de Corinthe : mais j'insiste que, les questions principales d'une langue étant une fois décidées, on ne peut les enseigner de trop bonne heure, ni trop publiquement.

———

Si j'ai lieu d'espérer que les Français et ceux qui aiment leur langue puissent goûter les modestes observations grammaticales que j'ai soumises dans ces notes, je ne tarderai pas à faire imprimer le premier tome d'un ouvrage que je prépare pour accompagner les deux belles *Collections des meilleurs auteurs de la langue française*, par P. Didot. Je commencerai, comme lui, par le *Petit Carême* de Massillon.

FIN DES NOTES.